LETTRE

A

MAYEUL DESROCHES

VIGNERON A SOUVIGNY

Par M. BARDOUX,

CONSEILLER GÉNÉRAL.

⁓⁓⁓

Vinum bonum lœtificat cor hominis.

C'est le bon vin qui nous met tous en train.

Cette vérité se trouve dans le plus vieux de tous
les livres avec d'autres passages qui prouvent qu'on
a toujours estimé la vigne et les vignerons. Cela
me fait plaisir, père Desroches; car je ne puis
oublier qu'aux élections dernières, c'est surtout
dans la partie de notre canton où fleurit la vigne

que j'ai obtenu la majorité qui m'a conservé l'honneur de le représenter au Conseil général.

On m'a dit pourtant, père Desroches, que seul peut-être parmi les vignerons de Souvigny, vous n'avez point voté pour moi. C'est ma faute. Il y a sans doute entre nous quelque malentendu, et je pense que si je vous avais fait connaître toute ma façon de penser, ainsi qu'on me le conseillait, vous ne m'auriez pas refusé votre suffrage. Mais nous voilà aux élections municipales : je vous demande votre voix pour me maintenir dans le conseil de la commune ; c'est une occasion pour que nous nous expliquions franchement ensemble.

Commençons par la question la plus sérieuse. Je soupçonne qu'on a voulu vous faire croire qu'en votant contre moi vous faisiez une œuvre pie agréable à Dieu lui-même. Mais vous n'ignorez pas, père Desroches, que je regarde la liberté de conscience comme la première des libertés. Je serais bien inconséquent si je ne respectais point la religion de nos pères et si je ne me montrais point toujours disposé à assurer l'indépendance et la dignité de ses ministres. Vous savez de plus que j'aime les belles basiliques qui honorent notre contrée, et que jamais on ne m'a trouvé indifférent à leur entretien et à leur restauration. Il me semble

que cela doit vous suffire, et que si vous désirez de
moi sur ce point d'autres explications, vous n'êtes
guère raisonnable. Tiendriez-vous, par exemple, à
connaître mon opinion sur le temporel? C'est un
sujet bien difficile. Contentons-nous, croyez-moi,
de nous occuper du temporel dans notre canton ;
et, à cet égard, je vous dirai volontiers ce que je
pense. Les prêtres doivent être les maîtres dans
leurs églises et même hors de leurs églises en ce
qui concerne la religion. Pour tout le reste, ce sont
des citoyens comme nous. Parmi eux il y a des
hommes très-éclairés et très-sages : ce ne sont pas
ceux-là qui veulent que nous leur soumettions la
direction de nos affaires. La loi, avec raison, ne
les a pas déclarés incapables de prendra part à
nos discussions civiles; mais il me semble qu'ils
feraient toujours bien de s'en dispenser et de s'en
tenir à prêcher et pratiquer la pure morale de
l'Evangile.

Que pensez-vous, père Desroches, de ceux qui
veulent absolument mettre dans nos campagnes
l'instruction sous l'influence ecclésiastique ? Il est
certain que la religion doit avoir la première place
dans l'instruction primaire. C'est pour cela que les
futurs instituteurs ne sont admis dans les écoles
normales qu'avec une provision déjà considérable

de doctrine religieuse. Ils reçoivent pendant trois
ans les leçons et les préceptes d'un professeur
ecclésiastique ; de sorte qu'en quittant l'école, l'enseignement religieux qu'ils peuvent donner eux-
mêmes ne laisse rien à désirer. Cela ne suffit point
à certains esprits exclusifs, qui voudraient partout
remplacer les instituteurs par des frères. Vous
savez, père Desroches, ce qui est arrivé à cet égard
dans notre commune depuis dix ans. Ceux qui ont
fondé l'école des frères et qui ont ainsi semé la
division parmi nous n'avaient sans doute que des
intentions excellentes. Mais les vignerons de Souvigny sont malins : sous cette couleur de fondation
pieuse, ils ont cru voir une pensée vers des régimes
dont ils craignent le retour, et ils ont hautement
pris parti pour leur instituteur. C'est ce qui nous
a décidés à établir la gratuité de l'instruction si
agréable à cette commune et qui a produit de si
bons résultats. Je ne regrette donc point la création
de l'école congréganiste : elle a fait naître chez
nous une heureuse émulation et tourné au profit
de l'instruction primaire ; mais je donnerai toujours
la préférence à un bon instituteur laïque. Dans
mon opinion, son enseignement et sa discipline
valent mieux pour former de bons pères de famillle,
de bons citoyens et de bons soldats. Comptez donc

sur moi si vous ne voulez rien changer au régime de notre institution communale.

Parlons maintenant un peu, père Desroches, de nos intérêts matériels. Seriez-vous du nombre de ceux qui m'ont reproché de n'avoir rien fait pour notre pays? Si ces gens-là sont de bonne foi, c'est apparemment qu'ils se figurent qu'un Conseil général est une grande table sur laquelle on a servi un énorme gâteau dont chaque Conseiller s'efforce, pour son canton, de couper la plus grosse part. Ce n'est pas ainsi que cela se passe. Allons droit au fait, père Desroches : le grand intérêt d'un canton, dans l'emploi des fonds départementaux, est la création et l'entretien des chemins qui lui sont utiles. Or, sur ce point, si vous vous plaignez de mon zèle, je ne puis que vous dire que vous vous êtes laissé bien mal informer ou que vous avez ajouté foi un peu promptement à des imputations mensongères.

Je ne saurais trop m'étonner, père Desroches, qu'on ait osé me représenter comme l'ennemi des chemins et par conséquent de l'agriculture et de l'industrie. Il n'y a pas que des denrées et des objets de commerce qui voyagent par les chemins : les idées aussi y circulent; et si quelques erreurs s'y colportent, la vérité les suit et finit toujours

par prendre le devant. A ce seul point de vue, je
pourrais donc me proclamer l'ami des chemins,
car vous savez que depuis longtemps je me suis
vanté auprès de vous d'être progressif et libéral.
Mais tous les hommes qui maintenant recherchent
vos suffrages, de quelque couleur qu'ils soient,
bleus, blancs ou rouges, rendant hommage aux
bons principes, se disent progressifs et libéraux.
C'est donc là surtout qu'il faut s'expliquer claire-
ment pour dissiper l'étrange obscurité qui doit
s'être faite dans votre esprit.

Les vignerons de Souvigny s'inquiètent peu des
affaires de l'Etat. Pour eux tout va bien quand ils
vendent le vin cher et payent le pain bon marché.
Chez nous, ce n'est pas la même chose. Nous avons
des loisirs que nous employons à parler politique
et nous nous en donnons à cœur joie, car jamais la
liberté de la parole n'a été, Dieu merci, ce qu'elle
est actuellement en France. Il faut vous dire qu'il
nous arrive rarement de nous montrer satisfaits
de tout ce qui se passe. L'opposition est naturelle
dans notre pays. Souvent, sans s'en douter, elle se
laisse aller jusqu'à la prévention et même jusqu'à
l'hostilité; et alors elle peut devenir un des plus
sérieux obstacles au progrès qu'elle sollicite. Quant
à moi, père Desroches, ce que je place avant tout

et au-dessus de tout, c'est la liberté. Je la consi-
dère comme si bonne et si vraie, je l'aime tellement
que, quoique persuadé que le Souverain qui me la
donnera ne fera que son devoir, je ne lui marchan-
derai point ma reconnaissance. Aujourd'hui, je
crois que c'est à l'Empereur qu'il ne faut pas crain-
dre de s'adresser pour l'obtenir, et j'ai l'assurance
qu'il l'accordera, d'abord parce que son intérêt le
lui commande; s'il est très-fort, il sait que l'opinion
publique est très-forte aussi, et il a trop d'habileté
pour résister à ses réclamations légitimes. Et en-
suite, c'est que je me fie à la droiture de son esprit
et à la grandeur de sa justice. Je ne saurais oublier
que c'est lui qui spontanément a ouvert une large
voie au progrès libéral. Je sais bien qu'il est obligé
de tenir compte des terreurs de ceux qui prétendent
qu'on peut tout perdre en tout précipitant. Aussi
en ce moment ne lui demanderai-je que fort peu
de chose.

Dans nos campagnes, la plus essentielle des
libertés est celle des élections. Je voudrais la voir
respectée et sérieusement garantie. J'admets que le
Gouvernement qui ne peut rester indifférent aux
élections, s'il s'y présente un de ses ennemis déclarés, le combatte franchement dans le cercle des
moyens que la loi autorise. Mais lorsqu'il n'y a que

des candidats qui, dans leur indépendance, peuvent
se montrer opposants sans être hostiles, pourquoi
l'Administration interviendrait-elle? Elle doit se
trouver heureuse de toutes les occasions qui lui per-
mettent de garder la neutralité. Le gouvernement
de l'Empereur vient de le reconnaître franchement
pour les élections municipales. Je m'en félicite, et
j'espère que ce principe de l'indépendance, de la
dignité et de la sincérité dans toutes les élections,
fera son chemin et avant peu sera définitivement
consolidé.

Je voudrais aussi pour nos provinces un peu de
liberté de la presse. Pas de licence. Quoi qu'on en
ait dit, l'expérience me paraît avoir démontré que
les Gouvernements les plus forts n'y peuvent résister. Il faut pour maintenir la presse, une législa-
tion ferme, appliquée par des magistrats qui
n'oublient jamais leurs devoirs. Mais s'il y avait
dans chaque département quelque journal qui
accueillît les réclamations justes et convenables et
discutât avec impartialité toutes les questions que
les événements quotidiens font naître, où serait le
mal? Le Gouvernement y gagnerait d'être toujours
éclairé sur l'état de l'opinion publique qu'il ne lui
est pas facile de bien connaître autrement. Et que
l'on ne croie pas que ce désir soit prématuré vis-

à-vis des classes ouvrières. Nous sommes en pleine
voie de progrès rapide, et le moment n'est pas
éloigné, je l'espère, où un vigneron tout aussi bien
qu'un avocat aura de temps en temps quelque
bonne idée à donner à la presse. Je sais que les
petits journaux à cinq centimes ont pénétré chez
vous et je me réjouis de ce symptôme.

Ainsi donc, ne désespérons point de l'avenir.
Depuis que la France est calme et prospère, elle
a repris vers la liberté son allure naturelle et vive,
et elle a consolidé une grande et belle conquête,
c'est celle de l'égalité civile. Voilà, père Desroches,
voilà la vraie, l'inébranlable base de l'édifice démocratique. Point de privilége qui ne soit avoué par
la raison et justifié par l'intérêt général. A vrai
dire, je n'en connais que deux qui aient réellement
ce caractère : le premier est l'hérédité monarchique
que la génération sociale de 1789 avait elle-même
adopté pour le propre avantage de la nation ; le
second est la propriété héréditaire admise chez
tous les peuples civilisés, et qui a eu des résultats
si favorables à l'espèce humaine.

A ces deux hérédités, formant aujourd'hui la
base de presque tous les Etats, certains esprits
veulent en ajouter une troisième, suivant eux, non
moins fondamentale, c'est celle de la noblesse. Là-

dessus il faut bien encore, père Desroches, que je
vous dise toute ma pensée.

La noblesse a joué un très-grand rôle en France.
Il fut un temps où elle possédait toutes les terres
et ceux qui les cultivaient étaient ses esclaves.
Après les esclaves, elle a eu des serfs. Après les
serfs, elle a eu des vassaux qui, pour le service du
Roi, le suivaient à la guerre. C'était l'ancien régime. Un régime nouveau a changé tout cela. Chaque Français maintenant part soldat pour le service de son pays et peut devenir général. La
noblesse n'est donc plus qu'une distinction aussi
difficile à régler qu'à définir. Et cependant ceux
qui possèdent la naissance sont fiers de cet avantage et tiennent à le conserver. Cela ne me blesse
point. Je vous ai dit, père Desroches, que j'aimais
les vieilles églises. J'aime aussi les vieux châteaux :
je me plais à citer les anciennes familles qui y ont
tenu leur cour seigneuriale et qui restent encore
parmi nous, rares et vivants souvenirs d'un passé
qui ne fut pas sans gloire. Je me réjouis quand je
vois quelqu'un de leurs descendants restaurer avec
goût le manoir de ses ancêtres, entrer dans le cou-
rant des idées modernes et se laisser aller au mou-
vement de l'agriculture et de l'industrie. Sans
doute il faudrait être bien aveugle pour ne pas voir

la démocratie qui s'avance, menaçant la noblesse
de son niveau. Mais pourquoi ne pas laisser au
temps cette œuvre de suppression sans la préci-
piter?

Autrefois le Roi seul faisait ~~la noblesse~~ *les nobles*. Dans le
temps où nous vivons le peuple aussi s'est mis à en
faire et il a bien prouvé qu'il ne s'y entendait pas
mal. Qu'y a-t-il de plus noble parmi nous que le
simple et grand nom de Napoléon! Hoche, Kléber,
Desaix, Béranger, n'ont été anoblis que par le
peuple, et quoique n'ayant jamais été précédés
d'aucuns titres, leurs noms n'en sont pas moins
glorieux. Vous êtes fier, vous, père Desroches,
d'avoir été le compagnon d'armes de Ney, Soult,
Suchet, Masséna, Davoust, et vous prononcez avec
respect ces noms illustres sans avoir retenu le sou-
venir des titres dont ils furent décorés. Voilà la
vraie noblesse, et le peuple qui n'est point ingrat
ne la refusera jamais à ceux qui lui rendent des
services, soit dans la paix, soit dans la guerre.

L'Empereur, en faisant revivre les anciens titres,
a repris le pouvoir d'en créer de nouveaux; et il
est juste d'avouer que jusque-là il n'en a fait qu'un
usage assez rare et assez discret. Ceux qu'il a anoblis,
le peuple les aurait anoblis lui-même. Il n'en est
pas moins vrai, que quand il fait un *duc*, un *comte*

ou un *marquis*, si l'Empereur voulait se donner la
p ine d'observer les sentiments populaires, il verrait
que tous ces nouveaux titres, qu'on peut bien appeler
vains, puisqu'ils ne représentent plus ni charges,
ni prérogatives, froissent et alarment nos instincts
profondément égalitaires. Et, peut-être, n'avons-
nous pas bien tort d'en prendre ombrage. Dans la
noblesse, il y a des esprits remarquables par leur
libéralisme aussi éclairé que sincère, comprenant
l'avénement de la démocratie, et capables de la
diriger en la secondant. Ils aiment le peuple, et le
peuple les aime. Mais, à côté de ces hommes émi-
nents, combien y en a-t-il qui rêvent, à leur profit,
la reconstitution de la grande propriété, le droit
d'aînesse, la restauration du droit divin, le retour
des descendants des rois légitimes, et je ne sais quel
gouvernement aristocratique et patriarchal? C'est
avec ceux-là que nous ne pourrons jamais nous
entendre. Ce parti ne manque pas plus de valeur
que les autres. Depuis près d'un siècle que la lutte
s'est engagée entre eux et nous, ils ont eu recours,
pour résister, à la guerre civile, à l'insurrection,
aux conspirations. Ils n'ont même pas craint
d'émigrer pour revenir en armes contre leur patrie.
Battus sur les champs de bataille, aussi bien que
sur les places publiques, ils ont compris qu'il fallait

prudemment suspendre l'emploi des moyens vio-
lents ; mais ils n'ont point abdiqué. Pour eux, la
lutte n'est point finie, et ils attendent de l'avenir
quelque grande rencontre à laquelle ils se préparent
avec une adresse extrême et une rare persévérance.
C'est pour cela que, substituant la tactique à
l'ancienne loyauté, ils n'ont pas craint souvent
d'accepter les places qui leur étaient offertes. Pro-
fitant de la liberté d'enseignement qui leur a été
concédée, ils aspirent à en obtenir le monopole de
fait, sinon de droit, et ils couvrent le pays de leurs
établissements, où l'on élude, autant qu'on peut, la
surveillance de l'Etat, pour enseigner toute autre
chose que la fidélité aux constitutions de l'Empire.

Le Gouvernement impérial a-t-il ouvert les yeux
sur toutes ces manœuvres ? Connaît-il exactement
les troubles et les divisions de l'opinion dans les
campagnes ? Ce serait lui rendre un vrai service
que de l'en instruire : et, à cette fin, si vous voulez,
père Desroches, nous entreprendrons ensemble, un
de ces jours, le voyage de Paris. Je suis sûr que
l'Empereur prêterait, avec plaisir, l'oreille à votre
langage de vigneron et de vieux soldat, mais je
vous connais : il faudra encore que ce soit moi qui
prenne la parole.

« Sire, lui dirai-je donc, voici Mayeul Desroches

qui a toujours été votre ami. Moi, j'ai pris mon
temps, je le suis devenu par réflexion, et ce ne sont
pas les moins solides. Nous venons causer un peu,
avec vous, des affaires du pays. Sire, quand nous
vous avons confirmé le pouvoir, vous étiez en
présence des anciens partis. Il en est un que vous
avez singulièrement ménagé, et qui s'en montre
bien peu reconnaissant. Il persiste à soutenir que
son Souverain n'est point en France ; il se moque
des principes que vous avez proclamés, et ne craint
pas de dire que nos lois ne sont pas les siennes.
Vous n'avez donc pas réussi de ce côté, Sire ; nous
en sommes bien aises, car, pour quelques amis
douteux, que vous pouviez gagner par là, nous
savons combien en inclinant vers ce parti vous
auriez perdu d'amis dévoués et sincères. Voyez-
vous, Sire, le peuple craint beaucoup plus ces
hommes qu'il ne les aime : il ne cesse de dire que
ce sont eux qui ont renversé l'oncle, et que le
neveu n'a qu'à se bien tenir, pour qu'ils ne lui
fassent pas éprouver le même sort. Tenez-vous
donc bien, Sire. Cela nous regarde et vous aussi.

« Par contre, Sire, vous avez bien mieux réussi
d'un autre côté, où peut-être, vous ne vous y
attendiez guère. A votre avènement, les démocrates
ont eu à passer un moment qui n'était pas tendre.

On fauchait au milieu d'eux comme dans un pré.
Eh bien! Sire, ils n'ont point gardé rancune de
cette tourmente passagère. Il y a, dans ce parti, des
bonnes têtes à qui l'entraînement des masses
populaires vers vous a démontré qu'entre la
démocratie et l'empire, il y avait une alliance
naturelle que l'avenir pouvait rendre intime,
indissoluble. Ils ont instinctivement compris que
si la force et le droit résidaient en eux, ils ne
pouvaient mieux faire que de vous en déléguer
l'exercice. En cela, ils ont agi sagement, car vous
êtes le fils aîné de la Révolution française ; vous
savez que les excès qui ont affligé ses débuts sont
la faute du temps et des hommes, et n'ont rien de
commun avec ses principes, purs comme la vérité
même. Fermez donc toujours les portes aux déma-
gogues ; mais ne craignez point de vous confier à
la démocratie. C'est là le grand parti de l'avenir.
Tout ce que vous donnerez aux démocrates en
indépendance et en dignité, ils vous le rendront en
sécurité et en vraie puissance.

« Sire, cette nation est fière, et n'a que de grands
sentiments. Vous lui avez rendu son rang dans les
armes. Pour en faire la première dans l'industrie,
dans le commerce et dans l'agriculture, votre esprit
éclairé, ferme et hardi, a fait ce que jamais aucun

des anciens Souverains n'aurait osé faire. C'est
beaucoup, mais cela ne suffit point. Tant qu'elle ne
sera pas devenue la première des nations libres, la
France ne sera pas satisfaite. Croyez-en vos amis
les plus sûrs ; croyez-en votre cœur généreux qui
vous conseille d'avancer résolument dans cette
voie, et en imposant silence à vos rares ennemis,
vous achèverez de faire de l'empire démocratique
une vérité, et vous créerez entre le peuple et
vous, ce parfait accord qui fonde et consolide les
dynasties. »

En attendant, père Desroches, songeons à nos
élections municipales. C'est une petite affaire, mais
c'est égal, si vous voulez me croire, vous ferez en
sorte que ni l'Empereur ni la liberté n'en soient
mécontents.

12 Juillet 1865.

Moulins. — Typ. FUDEZ frères.